CHANSONNIER

L'ÉCHO VIHIERSOIS

PAR

MICHEL BEAUCÉ

DE VIHIERS

ANGERS

IMP. LEMESLE FRÈRES ET Cⁱᵉ, PLACE SAINT-MARTIN, 4

1865

Angers, Imprimerie LEMESLE Frères et Cie, place Saint-Martin, 1.

CHANSONNIER

L'ÉCHO VIHIERSOIS

PAR

MICHEL BEAUCÉ

DE VIHIERS

Ma Politique, CHANSON

Paroles de MICHEL BEAUCÉ

Air : *La bonne aventure, ô gai.*

1er COUPLET

Voulez-vous savoir mes goûts
   Sur la politique ?
Je la laisse pour vous tous
   Faites en pratique.
Je préfère mes chansons,
Mes couplets sont sans façon ;
   C'est ma politique
     A moi,   } bis.
   C'est ma politique.

2ᵉ Couplet

Souvent vous faites du bon,
  Mais on vous critique;
Pour savoir cet art à fond
  Faut de la tactique.
Moi, j'aime mieux m'amuser
A rire, boire et chanter;
  C'est ma politique
    A moi, } bis.
  C'est ma politique.

3ᵉ Couplet

Laissons donc notre Empereur
  Gouverner la France;
Prions tous pour son bonheur,
  Sa persévérance.
Moi je n'ai point de regrets
Et je chante avec succès;
  C'est ma politique
    A moi, } bis.
  C'est ma politique.

4ᵉ Couplet

Le printemps charme mes yeux
  Quand naît la verdure,
Et moi je me trouve heureux
  De voir la nature.
Alors je chante toujours,
De mes doux refrains d'amour;
  C'est ma politique
    A moi, } bis.
  C'est ma politique.

5ᵉ Couplet

Qu'un sujet frappe mes sens,
  Moi, je le chansonne,
Je parle pour toutes gens,
  Que l'on me pardonne.

Mais je fais tout pour le mieux,
Pour rendre le cœur joyeux;
　　C'est ma politique
　　　A moi,   } bis.
　　C'est ma politique.

Hommage au Laboureur, CHANSON

Paroles de MICHEL BEAUCÉ

Air de la Jeune fille à l'éventail ou *es Louis d'or*.

PREMIER COUPLET.

Vous, habitants des grandes villes,
Qui dédaignez le laboureur;
Ne faites pas les difficiles,
C'est bien lui la clef du bonheur.
Qui vous nourrit sur cette terre?
N'est-ce pas lui qui par ses soins,
Fait venir les grains tutélaires
Qu'il ramasse pour nos besoins.

REFRAIN.

Au laboureur, rendons hommage,
Je vous le dis en vérité;
Nous lui devons, pour son ouvrage,
L'amour de la société.

DEUXIÈME COUPLET.

Riches puissants, de vos domaines,
De vos châteaux pleins de splendeurs,
Ne sortez-vous pas dans les plaines;
Dans ces plaines semées de fleurs.
Au printemps, quand naît la verdure,
Ne sortez-vous pas de grand cœur,
Pour admirer dans la nature
Le beau travail du laboureur,

Troisième Couplet.

Des labeurs de la nature
Le labourage est le premier ;
Lorsque Dieu, de sa voix si pure,
Condamna l'homme à travailler :
Tu mangeras ton pain sur terre
En travaillant, dit le Seigneur ;
Et le travail du premier père
Fût bien celui de laboureur.

Quatrième Couplet.

Le vin, ce jus qui nous enchante,
Cette vigne, ces beaux raisins,
Ces prés, ces champs, ces fleurs charmantes,
Sont le beau travail de ses mains.
Mais tout cela n'est rien encore,
Il est vaillant et généreux,
Du riche il est la seule aurore
Et le soutien des malheureux.

Le Départ d'un Conscrit, CHANSON

Paroles de Michel Beaucé.

Air . *Mon âme à Dieu.*

1ᵉʳ Couplet

Je pars, adieu ma douce amie,
Je pars, la loi m'a fait conscrit.
Je pars, pour servir ma patrie,
Je pars, défendre mon pays.
Je pars, loin de toi, noble amie,
Je pars, pour accomplir la loi.
Mais je te jure sur ma vie
De ne jamais (*bis* à la 2ᵉ fois) aimer que toi. } *bis.*

2ᵉ Couplet.

Le tambour bat, le clairon sonne.
Adieu Marie, je vais partir.
Au loin déjà l'écho résonne,
Ne te laisse pas attendrir.
Je reviendrai, du moins j'espère,
Brave soldat, digne de toi.
Mais avant tout, jure ma chère,
De me garder (*bis* à la 2ᵉ fois) ton cœur, ta foi. } *bis.*

3ᵉ Couplet

Pars, noble cœur, pour ta carrière,
Pars donc, pour accomplir ton sort.
Sois bon et brave militaire,
Je t'attendrai jusqu'à la mort.
Dans les combats si tu t'engages,
De la prudence et pense à moi.
De mon amour reçois le gage,
Prends cet anneau (*bis* à la 2ᵉ fois) digne de toi. } *bis.*

4ᵉ Couplet

Ayant terminé sa carrière,
Il retourne vers son bonheur,
Emportant à sa boutonnière,
La croix des braves et de l'honneur.
Vers son amie, vite il s'élance,
Puis, lui montrant son cœur, sa croix,
Viens, viens Marie, mon espérance,
Tout est fini (*bis* à la 2ᵉ fois) je suis à toi. } *bis.*

L'Espoir du Printemps, CHANSON

Paroles de Michel Beaucé

Musique chez l'auteur ou air qu'il vous plaira.

1ᵉʳ Couplet.

Petits enfants, qui cherchez sous l'ombrage,
Des nids d'oiseaux, seul espoir du printemps;

Cessez, cessez de détruire l'ouvrage
De ces chanteurs qui charment nos instans,
Le Créateur les a mis sur la terre,
Pour enchanter la nature et les cieux.
Petits enfants, laissez-les à leur mère,
Contentez-vous de les voir en ces lieux.

2ᵉ Couplet

Songez encore que de travaux pénibles
Ont enduré vos parents près de vous.
C'est là pourtant un exemple sensible
De ces chanteurs à l'exemple de nous.
Dans le berceau, si des mains homicides,
Avaient osé vous prendre pour jamais,
Alors combien vos parents et vos guides
Auraient été consumés de regrets.

3ᵉ Couplet

Mes chers enfants, un conseil salutaire,
En vous, j'espère, apportera ses fruits.
Laissez toujours ces enfants à leur mère,
Laissez, laissez aux oiseaux leurs petits.
Non, non, jamais il ne faut sur la terre
Détruire en vain ce que Dieu seul créa.
Petits amis, laissez-les à leur mère,
Et pratiquez toujours cet avis-là.

Le bon Marchand de Vin, CHANSON

Paroles de MICHEL BEAUCÉ

1ᵉʳ Couplet.

Je vais vous conter l'histoire
D'un bon marchand de vin
Mon voisin ;

Car, chez lui, l'on peut boire
De cet excellent jus
  de Bacchus.
Chez lui bien souvent,
C'est là qu'on se rend,
Afin de s'amuser.
  Tout en jouant,
  En plaisantant,
On peut boire et trinquer.

2ᵉ Couplet

Voulez-vous que je nomme
Son nom, sa qualité ?
  C'est Soyer,
Un bien excellent homme,
Qui vend du vin bouché,
  Bon marché ;
Car, suivant mon goût,
On peut boire tous
Ce jus délicieux.
  Quand on en prend,
  On est content,
On a le cœur joyeux.

3ᵉ Couplet.

C'est un ami sincère,
C'est un fort bon garçon.
  Sans façon.
N'importe en quelle affaire,
L'on voit sa loyauté
  Se montrer ;
Et c'est bien ainsi
Qu'il faut qu'un ami
Fasse pour travailler.
  Moi je le dis
  Sans nul souci,
Chez lui j'aime à trinquer.

4ᵉ Couplet.

Pour morale à l'histoire,
Vous tous, marchands de vin,
    Faites bien ;
Chez vous, qu'on puisse boire
Du vin de qualité
    Bon marché ;
Et c'est bien ainsi
Que de vrais amis
Iront vous visiter.
    Sur leur argent,
    En attendant,
Vous pouvez bien compter.

Ma Gloire, CHANSON

Paroles de Michel Beaucé

Air de *Béranger à l'Académie*

1ᵉʳ Couplet.

Mes bons amis, pour moi, voilà ma gloire,
De chansonner ce que je connais bien ;
Chanter parfois des guerriers la victoire,
Chanter aussi de mes joyeux refrains.
J'aime parfois, lorsque je suis à table,
Voir distribuer ce divin jus flatteur ;
Que voulez-vous ! c'est mon goût véritable,
J'y prends ma gloire et c'est là mon bonheur   *(bis)*.

2ᵉ Couplet.

Dans mon métier, l'art de la corderie,
Je suis content, je vis toujours joyeux.
Puisqu'ici-bas, chacun passe sa vie,
Triste, rêveur, riche ou bien malheureux ;

Rire et chanter, voilà mon caractère ;
Je tiens ce don de la main du Seigneur ;
C'est l'héritage à moi légué sur terre,
J'en fais ma gloire et c'est là mon bonheur   *(bis)*.

3ᵉ Couplet.

Lorsque la mort, dans sa course terrible,
M'attaquera soit au lit, soit ailleurs,
Je me dirai : Tu la vois bien pénible,
Et cependant, c'est là le vrai bonheur.
Adieu chagrins, et vous, adieu misère ;
Tout est fini, pour moi, plus de douleur ;
L'égalité va me rendre en poussière,
Adieu ma gloire, repose mon bonheur   *(bis)*.

4ᵉ Couplet.

Si chaque auteur, dans le cours d'un ouvrage,
Prend liberté de vous citer son nom ;
Permettez-moi le petit avantage
De vous citer le mien dans ma chanson :
Michel Beaucé, votre ami bien sincère,
Qui vous supplie, pour lui d'être indulgent ;
Pour ses chansons ne soyez pas sévères ;
Mes bons amis, c'est son amusement.   *(bis)*.

La Plainte du Prisonnier, CHANSON

Musique chez l'auteur, Paroles de Michel Beaucé

1ᵉʳ Couplet.

Moi qui suis toujours dans ma cellule obscure,
Je n'ai personne au monde à qui me confier ;
Je suis, je puis l'avouer, chassé de la nature,
Personne, à moi, mon Dieu, hélas ! n'a su penser *(bis)*.

Malgré tous les tourments qui m'accablent sans cesse,
J'oublierais volontiers tous les maux du passé,
Pour recevoir au moins, une simple caresse,
Et goûter un instant l'air de la liberté.

2ᵉ Couplet.

La nuit dans mon cachot, pour reposer ma tête,
Je n'ai qu'un peu de paille et le pavé glacé ;
Et pour tout aliment, même en un jour de fête,
Le pain noir et moisi qu'on me jette en pitié ; (bis.)
Jamais l'air pur et sain de la plaine embaumée
Dans mon sombre cachot n'est venu pénétrer.
Non jamais du soleil la lumière azurée
A mes yeux obscurcis n'est venu se montrer.

3ᵉ Couplet.

Amis, tout comme vous, j'étais dans ma jeunesse,
Aimé, chéri de tous et gâté par les soins ;
Tandis que maintenant je suis dans ma vieillesse,
Privé de liberté, même de tous besoins. (bis.)
Pour un moment d'oubli, l'on m'arrête, on m'entraîne,
Et je vis en un jour mes amis me renier :
Au fond d'un noir cachot, l'on m'a chargé de chaînes,
Amis, plaignez le sort du pauvre prisonnier.

Passez mon beau Séducteur, DIALOGUE

Paroles de MICHEL BEAUCÉ Musique chez l'auteur

1ᵉʳ Couplet.

Veux-tu charmante bergère,
Habiter dans mes palais ?
Tu seras heureuse et fière
D'y trouver plus d'un attrait.

Non Monsieur, car je préfère
Conserver la paix du cœur ;
J'aime mieux rester bergère,
Passez, mon beau séducteur.

2e Couplet.

Que penses-tu ma coquette ?
Réponds-moi donc franchement ;
Ah ! laisse là ta houlette
Viens jouir d'un nom brillant.
Non Monsieur, car, sur la terre,
De tous les biens du Seigneur,
C'est la vertu qui m'est chère
Passez, mon beau séducteur.

3e Couplel.

Oublies-tu que tu m'insultes,
Et que je suis ton Seigneur ;
Que je puis finir la lutte
Qui s'oppose à mon bonheur.
Votre origine en ce monde,
Vous fait jeu du déshonneur ;
Mais moi, jeune fille blonde,
Je dis, passez, séducteur.

4e Couplet.

Tu feras le choix, ma chère,
D'un époux bien diligent ;
Un peu d'or pourra lui plaire,
Ce sera fort bon garant.
Si pour l'hymen, Dieu m'appelle,
J'y répondrai de bon cœur,
Mais je lui serai fidèle ;
Passez, mon beau séducteur.

5e Couplet.

D'un côté, vois la richesse,
Et de l'autre, le malheur ;

Accepte donc ma tendresse
Ou prends garde à ma fureur.
Oubliez votre rancune,
Car, pour prix du déshonneur,
Je ne veux pas de fortune.
Passez, mon beau séducteur.

Conseil d'un Père à son Fils (CHANSON)

Paroles de Michel Beaucé. Air *du Bien*

Refrain.

Pour être heureux, mon fils, en cette vie,
Qu'à ta pensée soit présent l'avenir ;
Reste toujours en bonne compagnie,
Car sans cela nul ne peut parvenir.

1er Couplet.

Ecoute, mon enfant, dès ta faible jeunesse,
Les avis importants que je vais te donner ;
Protège l'indigent, respecte la vieillesse,
Pour fonder l'avenir il faut un bon passé. (*bis.*) Ah !
    Pour être heureux, etc.

2e Couplet.

Dans ton cœur, mon enfant, adore Dieu ton maître,
Il est ton Rédempteur et l'auteur de tes jours.
C'est sa volonté seule, mon fils, qui t'a fait naître,
Ainsi, pour cela seul, tu lui dois ton amour. (*bis.*) Ah !
    Pour être heureux, etc.

3e Couplet.

Pour autrui, mon enfant, à toutes les misères,
Cherche toujours, mon fils, des consolations ;

Enfin, rappelle-toi, que nous sommes tous frères,
Et que l'on est heureux faisant ces actions. (bis.) Ah!
    Pour être heureux, etc.

4ᵉ Couplet.

Dans ce monde ici-bas, sois rempli de justice,
Dans ton commerce, enfant, sois toujours bienveillant.
Pour qui veut parvenir, le travail est propice,
Et c'est ainsi, mon fils, qu'on acquert du talent. (bis) Ah!
    Pour être heureux, etc.

5ᵉ Couplet.

En naissant, mon enfant, chacun d'un doux sourire
Te saluait, mon fils, et toi seul tu pleurais.
Fais si bien, qu'en mourant, près de toi l'on soupire,
Et de tous tes amis emporte les regrets. (bis.) Ah!
    Pour être heureux, etc.

La Gloire du poète, CHANSON

Paroles de MICHEL BEAUCÉ

Air de *Béranger à l'Académie* ou du *donjon de Vincennes*

1ᵉʳ Couplet.

Pauvre poète, à toi quelle est ta gloire !
De nos héros tu chantes les hauts faits ;
Des vrais guerriers tu chantes la victoire ;
Des grands génies tu chantes les bienfaits.
Fais pour autrui ce que d'autres, peut-être,
Feront pour toi, dès lors que pour ton nom,
Dans le public on aura su connaître
De ton génie, la gloire et le renom.

2ᵉ Couplet.

Dis-moi, poète, d'où tiens-tu ta science ?
Qui t'a donné ce sublime talent ?
Qui t'a bercé d'un rêve d'espérance ?
Qui t'éclaira du flambeau bienfaisant ?
Dans un ouvrage enrichi de ses charmes,
Je vois ces mots : la nature et le goût.
La vérité règne ici sans alarmes,
Car la nature et le bon goût sont tout.

3ᵉ Couplet.

De fleurs en fleurs l'abeille qui voltige
Cherche toujours avec beaucoup de soins,
Le suc pur qu'elle prend sur la tige
Et qu'elle garde alors pour ses besoins.
De même aussi le poète rassemble
Dans son génie ce qui peut bien rimer,
Puis, à la fin, il obtient un ensemble
Doux à l'oreille, agréable à chanter.

4ᵉ Couplet.

Pardonnez-moi si dans ces faibles lignes
Je ne m'étends que sur le chansonnier,
Il est beaucoup d'autres hommes bien dignes
Par leur génie souvent d'être cités.
Lorsque je vois de nos jours, la science
D'un historien que l'on nomme Dumas,
Pour lui je suis plein de reconnaissance,
De ma mémoire il ne sortira pas.

Hymne à Sainte Cécile

Musique chez l'auteur, Paroles de Michel Beaugé

1ᵉʳ Couplet.

Cécile est dans sa gloire ;
Cécile est dans les cieux ;

Chantons en sa mémoire,
De nos refrains joyeux.

Refrain.

Par nos chants de victoire
Fêtons cet heureux jour ;
Cécile est dans sa gloire
Chantons, chantons toujours.

2e Couplet.

Ô patronne chérie,
Protège tes enfants ;
Et pendant notre vie,
Guide nos pas tremblants.

3e Couplet.

Au beau jour de ta fête,
Chacun de tes enfants
A t'honorer s'apprête
Par leurs vœux et leurs chants.

4e Couplet.

Amis, sur cette terre
Il faut s'entr'aider ;
Cécile est notre mère ;
Tâchons de l'imiter.

Prologue pour Sainte Barbe.

5e Couplet.

L'union, notre égide,
M'invite à demander
Sainte Barbe pour guide
Et pour nous assister.

REFRAIN.

Par nos chants de victoire
Fêtons ces heureux jours;
Elles sont dans leur gloire,
Chantons, chantons toujours

Chantez, je suis heureux, ROMANCE

Air du *Donjon de Vincennes* ou *du Noël* d'Adam,

Minuit! chrétien!

Paroles de M. Michel Beaucé

1ᵉʳ COUPLET.

Petits oiseaux, chantez à perdre haleine
De vos refrains toujours mélodieux;
Chantez pour moi, chantez ma douce Hélène;
Tout comme vous, moi j'ai le cœur joyeux.
C'est aujourd'hui le grand jour de ma vie;
De l'union j'ai contracté les nœuds.
Je l'aime tant cette femme chérie;
Petits oiseaux, chantez, je suis heureux.

2ᵉ COUPLET.

Que l'avenir soit toujours, je l'espère,
Celui des cœurs se comprenant toujours;
Car ici-bas, nous sommes sur la terre
Pour nous chérir et nous prêter secours :
Qu'il soit ainsi, cher objet de ma flamme,
Le ciel m'entend, qu'il exauce mes vœux !
Le vrai bonheur aura rempli mon âme,
Petits oiseaux, chantez, je suis heureux,

3ᵉ Couplet.

Femme chérie, ô toi, beauté que j'aime,
Pour te chérir, je veux vivre toujours ;
C'est là ma joie et mon bonheur suprême.
Dieu m'est témoin, lui qui donne l'amour.
A l'avenir, pour nous plus de tristesse,
Nos cœurs toujours se trouveront joyeux ;
Nous passerons une heureuse vieillesse,
Petits oiseaux, chantez, je suis heureux.

Les derniers Jours d'un Condamné

Musique à faire, paroles de MICHEL BEAUGÉ

1ᵉʳ Couplet.

D'un condamné j'essaierai de dépeindre
Tout ce qu'il souffre avant que d'être mort ;
Sur cette terre, amis, nous devons plaindre
La destinée que lui jeta le sort.
Si ce malheur survenait à nous-mêmes,
Que de remords, de chagrins, de sanglots,
Pour nos amis, nos parents qui nous aiment,
Surtout pour nous, gisant dans les cachots.

2ᵉ Couplet.

Lorsqu'au jury tous les juges s'assemblent,
Nouveau supplice encor nouveaux tourments.
Il est présent, tous les membres lui tremblent
En attendant l'heure du jugement ;
Puis, tout-à-coup, bondissant sur sa selle,
Il est saisi, lié, puis garotté.
Pour sa famille, ô blessure cruelle ;
Tout est perdu, honneur et probité.

3ᵉ Couplet.

Dans son cachot, mille douleurs sanglantes,
A chaque instant l'accablent nuit et jour.
Là, mille idées le prennent et l'épouvantent ;
Puis, à l'envi, l'accablent tour à tour.
Il croît déjà que le prêtre s'approche
Et qu'il lui dit : il faut te préparer,
Et son remords sans cesse lui reproche
Le crime affreux qui l'a fait condamner.

4ᵉ Couplet.

Sur une place un échafaud se monte,
Et c'est pour lui que l'on fait ces apprêts ;
La foule est là, sans cesse qui raconte
Avec effroi l'horreur de ses méfaits,
Quand, tout-à-coup, paraissant sur la place
Accompagné du prêtre et du bourreau,
Nouveau supplice, il recule et s'efface
Pour ne pas voir le terrible échafaud.

5ᵉ Couplet.

On lui ordonne de franchir cet espace
Qui le sépare encor du monument ;
Il le franchit, puis, il se trouve en face
De ce fatal instrument qui l'attend.
Sous le tranchant on lui pose la tête
Et le bourreau lâche le ressort,
Sa tête roule aussitôt et s'arrête,
Son corps gisant lutte contre la mort.

Les Cieux, ROMANCE

Air : *Minuit chrétien*, ou qu'il vous plaira

Paroles de Michel Beaucé

1ᵉʳ Couplet.

Le ciel est pur, l'étoile d'or scintille,
La lune envoie ses rayons lumineux.
Pendant le jour, c'est le soleil qui brille
Et vient donner à la terre ses feux ;
Cet astre au ciel, doit être la couronne
De notre Dieu, notre grand créateur,
Il doit briller, pour enrichir son trône,
Plus qu'ici-bas dans toute sa splendeur.

2ᵉ Couplet

Le firmament que cet astre décore
Est un travail que l'on ne comprend pas,
Car nul au monde n'a pu dire encore
Ce qui existe et se passe là-bas ;
Mais le certain, c'est qu'un être gouverne
Et règle tout les temps et les saisons.
C'est notre père, enfants, qu'on se prosterne,
Lui demandant d'abondantes moissons.

3ᵉ Couplet.

Les chérubins rangés près de son trône
Sont les élus dont il forme sa cour ;
Ils sont parés d'une belle couronne,
Le paradis, dit-on, est leur séjour.
Qu'il plaise au ciel qu'à mon heure dernière
Je puisse alors habiter parmi eux ;
Là, je pourrai, rangé sous leur bannière,
Connaître à fond ce qui existe aux cieux.

www.ingramcontent.com/pod-product-compliance
Lightning Source LLC
Chambersburg PA
CBHW061525040426
42450CB00008B/1797